Na Trí Mhíoltóg

Micheál Ó Conghaile

Cló Iar-Chonnacht
Indreabhán
Conamara

An chéad chló 2012
© Cló Iar-Chonnacht 2012

ISBN 978-1-905560-79-0

Dearadh: Clifford Hayes
Obair ealaíne: Bob Ó Cathail

Tá Cló Iar-Chonnacht buíoch de Fhoras na Gaeilge as tacaíocht
airgeadais a chur ar fáil.

Faigheann Cló Iar-Chonnacht cabhair airgid ón gComhairle
Ealaíon.

Clóchur: Cló Iar-Chonnacht, Indreabhán, Co. na Gaillimhe.
Teil: 091-593307; Facs: 091 593362; r-phost: cic@iol.ie
Priontáil: Castle Print, Gaillimh.

CLÁR

Gan Aon Údar Gearáin

Shuigh beirt chomrádaithe síos chun dinnéir i mbialann lá agus leag an freastalaí pláta os a gcomhair ar a raibh dhá iasc – ceann beag agus ceann mór.

Rug duine acu ar fhorc láithreach agus shac san iasc mór é agus d'ardaigh sé chuige é. Chuir an gníomh sin iontas agus olc ar a chomrádaí.

"Nach tú atá mímhúinte!" a scread sé.

"Tuige? Céard atá mícheart?" a d'fhiafraigh a chara, agus iontas air.

"Thóg tusa leat an t-iasc mór."

"Thóg. Agus cé acu iasc a thógfása, dá mba tú a thógfadh an chéad iasc den phláta?"

"An t-iasc beag, ar ndóigh."

"Bhuel, cén t-údar gearáin atá agat mar sin? Nach bhfuil an t-iasc beag ansin i gcónaí ar an bpláta duit!"

NACH CAT É AN CAT

Bhí fear ann uair a raibh cat aige. Bhí an oiread ceana agus measa aige ar a chat ionas gur thug sé Neamh mar ainm air. Ní raibh sé sásta fiú smaoineamh ar a chat mar ainmhí. Bhí iontas mór ar a chomharsa agus lá amháin chuir sé ceist air cén fáth.

"Mar gur cat iontach é mo chatsa," a d'fhreagair sé. "Cat faoi leith. Níl aon ní beo ar talamh anseo chomh hiontach leis. Ní féidir é a chur i gcomparáid le tada eile ach Neamh."

"Bhuel," a dúirt a chomharsa, ag caochadh na súile go magúil, "nach bhféadfadh néal mór dorcha amháin Neamh a chlúdú agus a chur i bhfolach ort."

"Ó! Cinnte tá an ceart agat,"

a dúirt an fear, "níor smaoinigh mé air sin cheana. Glaofaidh mé Néal ar mo chat mar sin."

"Bí airdeallach, a chara! D'fhéadfadh gaoth mhór láidir an néal a shéideadh anonn is anall."

"Ó! Sea, bhuel, glaofaidh mé Gaoth ar an gcat mar sin."

"Ach nach mbeadh balla láidir in ann an ghaoth a stopadh!"

"Tá an ceart agat! Glaofaidh mé Balla ar an gcat mar sin!"

"Ach fainic anois! Fan nóiméad! Nach bhféadfadh luch bheag poll a ghearradh sa mballa lena cuid fiacla géara!"

"Ó! Is fíor duit, d'fhéadfadh . . . Ach meas tú cén chaoi a mothóidh mo chat má thugaim Luch mar ainm air? Bheadh náire air, agus bheadh na cait eile ar fad ag magadh faoi."

"Bheadh cinnte. Ach ná bíodh imní ort faoin luch. Bheadh gnathchat, ní áirím do chat iontachsa, in ann ceacht a mhúineadh do luch lá ar bith agus í a chur ina háit féin."

"Anois, a chomharsa dhílis, tá tú tar éis an tairne a bhualadh ar an mullach. Glaofaidh mé Cat ar mo chat feasta."

"Beidh an ceart agat agus beidh tú ag déanamh an rud ceart," a d'aontaigh a chomharsa. "Is cat é Cat gach lá den tseachtain, agus ní tada eile. Bíodh deireadh leis mar scéal."

LÁN LE DAOINE

Tháinig bochtán gioblach chomh fada le teach fear saibhir lá agus é ar thóir greim beatha le n-ithe. Bhí sé lag leis an ocras.

"Gread leat, a rud salach," a scread an fear saibhir. "Is cosúil le duine tú a d'fhill ar ais as ifreann."

"Sea, tá an ceart agat, d'fhill mé as ifreann anois díreach," arsa an bochtán.

"Agus cén fáth nár fhan tú ann an chuid eile de do shaol?" a d'fhiafraigh an fear saibhir go magúil.

"Ó, ba bhreá liom fanacht ann," a d'fhreagair an bochtán, "ach ní raibh aon áit ann dom – mar go raibh ifreann lán le daoine. Daoine cosúil leatsa."

An Coinín Feasa

Bhí coinín beag feasa ann uair a chónaigh leis féin istigh i lár na coille. Bhí sé an-chineálta agus an-chliste agus cairdiúil i gcónaí. Aon uair ar theastaigh comhairle ó ainmhithe eile na coille dhéanaidís a mbealach chuig an mbothán beag féarach inar chónaigh an coinín. Thugadh an coinín gach cúnamh agus dea-chomhairle i gcónaí.

Maidin amháin tháinig tíogar mór an bealach. Bhí ocras air agus é cantalach agus dá bhrí sin ní raibh uaidh ach leithscéal dul ag argóint agus ag gearán.

Rith na hainmhithe eile isteach sna sceacha i bhfolach ach d'fhan an coinín go síochánta ansin ag scríobadh a chuid fionnaidh.

"Ó! Is tusa an coinín cáiliúil a chónaíonn sa gcoill seo," arsa an tíogar. "Deireann ainmhithe eile liom go bhfuil tú thar a bheith cliste agus gur coinín feasa tú a bhfuil gach eolas agat faoin am atá le teacht. Ach ceist agam ort, a choinín bhig, cén t-eolas atá agat fút féin? An bhfeiceann tú lá do bháis chugat má tá tú chomh glic sin?" a d'fhiafraigh an tíogar crosta.

"Cinnte feicim a bhfuil i ndán dom féin amach anseo chomh maith lena bhfuil i ndán do gach ainmhí eile," a d'fhreagair an coinín. "Lá amháin gheobhaidh mé bás leis an ocras," a dúirt sé agus é ag ardú a shúile donna agus ag féachaint isteach i súile ocracha an tíogair.

"Aaa . . . agus cén lá a dtarlóidh sé sin?" a dúirt an tíogar agus é ag cur strainceanna air féin, mar go raibh sé ag smaoineamh ar choinín deas blasta a bheith aige don dinnéar an oíche sin.

"Ó! . . . fan nóiméad amháin anois," arsa an coinín ag dúnadh a dhá shúil agus ag ligean air féin go raibh sé ag machnamh go domhain. Labhair sé tar éis tamaill.

"Gheobhaidh mé bás ar lá áirithe amach anseo – an lá sula bhfaigheann tusa bás."

Ainmhí an-phisreogach ba ea an tíogar agus ní raibh lá ón lá sin amach nár thug sé cuairt ar bhothán féarach an choinín agus nár thug leis go leor glasraí milse le tabhairt don choinín le n-ithe. Bhí saol fada sona ag an gcoinín agus an tíogar mór mar gharda sábhála aige agus é ag tabhairt beatha chuige go laethúil.

Agus nuair a fuair an coinín bás síochánta ina sheanaois tháinig an oiread de scanradh agus d'imní ar an tíogar gur thit sé féin as a sheasamh freisin – marbh.

AN COINÍN BEAG SMAOISEACH

Bhí fadhb ag an leon mór a bhí ina rí ar an bhforaois. Bhí mant mór ina chuid fiacla agus aon uair a mbíodh sé ag ithe théadh píosaí beatha i bhfostú ann. Agus ós rud é gur mhaith leis an leon feoil a ithe ba ghearr go raibh boladh bréan ar a anáil.

Bhí triúr searbhóntaí ag an leon a bhíodh ag freastal air go laethúil agus ag coinneáil giúmar maith air: torc crua láidir, moncaí cainteach scéalach agus coinín beag cliste.

Bhí déistean ar an leon lá mar go raibh daitheacha air agus mar go raibh na leoin bhaineanna – a chuid banríonacha – ag iompú

a gcloiginn uaidh aon uair a dtagadh sé i ngar dóibh. Chuir sé ceist ar a chuid searbhóntaí.

"Céard atá mícheart? Insígí an fhírinne dom nó íocfaidh sibh go daor as."

Ba leis an torc labhairt i dtosach. Chroith sé a chloigeann mór agus náire air agus dúirt faoi dheireadh i gcogar:

"A rí uasal, b'fhéidir gur mar gheall ar an mboladh bréan atá ag teacht ó do bhéal a thugann na leoin eile a gcúl duit."

"BÚÚÚÚÚUIR!" agus bhí an torc bocht ar a bhealach síos i mbolg mór an leoin.

An mhaidin dár gcionn bhí daitheacha níos measa ar an leon agus ós rud é go raibh ceann dá chuid comhairleoirí ite aige, bhí boladh níos bréine óna anáil. Chuir sé fios ar an moncaí agus d'fhiafraigh le déistean:

"Céard atá mícheart? Inis an fhírinne dom nó íocfaidh tú go daor as. Cén fáth go bhfuil na leoin eile, go háirithe na banríonacha, ag fanacht amach uaim?"

Chonaic an moncaí a raibh tarlaithe don torc an lá roimhe ach ainneoin sin ní raibh sé de mhisneach aige bréag a insint. Chroith sé a eireaball fada go neirbhíseach agus dúirt faoi dheireadh agus náire air:

"A rí uasail, b'fhéidir gur mar gheall ar an mboladh bréan atá ag teacht ó do bhéal a thugann na leoin eile a gcúl duit."

"BÚÚÚÚÚUIR!" agus ba ghearr go raibh an moncaí bocht ar a bhealach síos i mbolg an leoin.

Ar an tríú maidin, dhúisigh an leon agus daitheacha fíordhona air. Níor bheannaigh oiread agus leon amháin dó, rud a chuir fíorolc air. Bhí sé le ceangal nuair a chuir sé fios ar an gcoinín teacht ina láthair.

"Céard atá mícheart?" a bhúir sé lena shearbhónta deireanach. "An bhfuil boladh uafásach bréan ó mo bhéal? Inis an fhírinne dom nó íocfaidh tú as!"

D'umhlaigh an coinín a cheann go hómósach i láthair a rí – an leon – agus dúirt:

"A leoin a rí, níl mise in ann boladh ar bith a fháil, mar go bhfuil srón smaoiseach inniu agam. Ach dún do shúile nóiméad amháin agus oscail do bhéal agus breathnóidh mé siar ann go bhfeicfidh mé."

Rinne an leon amhlaidh, agus go tobann rug an coinín ar mhaide bambú agus bhrúigh amach cnámh mhór lofa i bhí i bhfostú idir a chuid fiacla. D'imigh an phian den leon láithreach. D'imigh an boladh bréan freisin agus thug an leon go leor bronntanas don choinín meabhrach agus choinnigh ina aice é as sin amach le comhairle a fháil uaidh go rialta.

An Moncaí agus an Crogall

Bhí moncaí beag cliste ina chónaí go sásta sa bhforaois. Bhí an-dúil aige i dtorthaí, go háirithe sna mangónna súmhara. Lá amháin agus é thuas ar chrann an-ard chonaic sé go leor crainnte mangó ag fás ar oileán beag a bhí ar an taobh thall den abhainn. Rith sé go tapa go bruach na habhann agus é ag iarraidh a dhéanamh amach cén chaoi a dtrasnódh sé í. Ní maith le moncaithe dul ag snámh, an dtuigeann tú, ná a gcosa a fhliuchadh. Tar éis tamaill tháinig an moncaí cliste chuig spota ina raibh clocha móra ag dul trasna na habhann. Bheadh sé in ann léimneach trasna ó chloch go cloch go dtí na crainnte mangó gan a lapaí a fhliuchadh.

Gach maidin théadh an moncaí cliste ag léimneach anonn thar an abhainn agus thagadh sé abhaile gach tráthnóna agus a bholg lán.

Bhí dhá chrogall ina gcónaí san abhainn freisin. Seanlánúin a bhí iontu. Bhíodh an crogall baineann ag féachaint ar an moncaí agus ag smaoineamh di féin go mba dheas an béile a dhéanfadh sé.

"Téigh agus beir ar an moncaí blasta sin dom," a dúirt sí leis an gcrogall fireann lá. "Bíonn sé ag ithe mangónna gach lá. Déanfaidh sé béile deas tráthnóna dúinn."

Ní fhéadfadh an crogall fireann diúltú d'iarratas a pháirtí agus chuaigh sé i bhfolach faoin uisce san abhainn. Ní raibh ach barr a chinn le feiceáil, agus ba chosúil le cloch é. Tá go leor foighne ag crogaill agus d'fhan an crogall seo an-socair an lá ar fad. Sa tráthnóna d'fhill an moncaí agus é ar a bhealach

abhaile tar éis a bheith ag ithe torthaí de na crainnte mangó. Bhí sé díreach ar tí léimneach ar na clocha a bhí trasna na habhann nuair a thug sé faoi deara go raibh cloch bhreise ann. Bhraith an moncaí beag cliste go raibh rud éigin as alt agus lig sé scread ard as. Labhair sé:

"Tráthnóna maith agatsa, a Chloch Uasail! Cén chaoi a bhfuil tú inniu?"

Scanraigh an crogall. Níor chuala sé cloch ag labhairt riamh ina shaol ach ó ba léir go raibh an moncaí cairdiúil leis na clocha agus ag caint leo b'fhéidir go raibh ar chumas na gcloch caint freisin, a smaoinigh sé. Cheap sé go mbeadh amhras ar an moncaí muna bhfreagródh sé ar ais é.

"Tá mise togha, a chara," a dúirt an crogall ar ais leis agus thuig an moncaí láithreach nach raibh sé sábháilte dó dul trasna.

"Á, is tusa atá ansin, a chrogaill. Cén fáth a bhfuil tú imithe i bhfolach ansin idir na clocha orm?"

Bhí náire mhór ar an gcrogall gur buaileadh bob chomh héasca sin air.

"Nílim ag iarraidh a bheith ag dul i bhfolach," a d'fhreagair sé, "táim ag fanacht anseo ag iarraidh breith ar mhoncaí deas milis do mo bhean chéile."

"Ó, caithfidh sé gur ag fanacht liomsa atá tú mar sin," a dúirt an moncaí cliste go múinte. "Níl aon mhoncaí eile anseo agus táimse tuirseach den saol. Má osclaíonn tú do bhéal go breá mór léimfidh mé siar ann anois díreach."

"Tá tú thar a bheith flaithiúil liom," a dúirt an crogall go sásta, agus iontas mór air as chomh maith agus a bhí ag éirí leis sa bhfiach.

D'oscail an crogall a bhéal chomh mór agus a bhí sé in ann ionas go raibh a chuid fiacla móra géara geala ar fad le feiceáil. Ag an nóiméad áirithe sin áfach léim an moncaí beag cliste ar na clocha go tapa agus thar bhéal oscailte an chrogaill abhaile go dtí an taobh sábháilte den abhainn.

Ní raibh seans ag an gcrogall é a fheiceáil, ní áirím breith air, mar dúnann na crogaill a súile nuair a osclaíonn siad a mbéal!

COMHLUADAR NUA

Tráth dá raibh bhí moncaí agus cearc ina gcónaí le chéile. Dhéanadh an moncaí an obair ar fad amuigh sna páirceanna agus choinníodh an chearc an teach glan agus dhéanadh sí an chócaireacht. Bhíodh ar an moncaí obair chrua a dhéanamh sna páirceanna agus bhíodh sé tuirseach traochta i gcónaí. Agus cé go mbíodh béile te ar an teallach dó agus an teach breá glan gach lá nuair a d'fhilleadh sé ón obair, thagadh éad agus olc air nuair a d'fheiceadh sé an chearc ansin i gcúinne an tseomra agus í ina codladh go sámh síochánta.

Mise a chaitheann an obair chrua go léir a dhéanamh, a smaoinigh sé, nuair atá an chearc in ann an lá ar fad a chaitheamh ina codladh. Iarrfaidh mé uirthi obair a mhalartú liom amárach.

An lá dár gcionn chuaigh an chearc amach sna páirceanna agus í ag iompar na láí go deacrach ar a droim. Rinne an moncaí iarracht an teach a ghlanadh ach ní raibh a fhios aige cén chaoi le tabhairt faoi. Rinne sé iarracht dul ag cócaireacht ach ní raibh sé in ann fiú an tine a lasadh. Sa tráthnóna bhí sé cantalach chomh maith le bheith tuirseach mar ní raibh an t-urlár scuabtha ná a béile réitithe don chearc aige nuair a d'fhill sí ó na páirceanna.

An lá dár gcionn dúirt an moncaí go raibh sé tar éis a intinn a athrú agus gur theastaigh uaidh dul amach ag obair sna páirceanna arís. Ach le fírinne is amhlaidh a theastaigh uaidh fáil amach cén chaoi a ndéanfadh an chearc a chuid oibre. Chuaigh sé i bhfolach thuas sna crainnte ag coinneáil súil uirthi.

Chaith an chearc an mhaidin ar fad ag scríobadh

agus ag cartadh sa talamh agus ag piocadh péiste agus gráinneacha beatha. Chuaigh sí isteach sa teach ansin agus thosaigh sí ag greadadh a sciathán ionas gur scuab sí an t-urlár ar an gcaoi sin. Ansin d'fhadaigh sí an tine as na haithinní a bhí ar an teallach. Leag sí an friochtán ar an tine ansin, chuir cnap ime ann agus lig dó leá. Nuair a bhí an t-im leáite agus é te d'eitil sí suas ar mhaide a bhí trasna os cionn an fhriochtáin agus rug ubh a thit isteach ann go pointeáilte. Anuas léi ansin nó gur phioc gach píosa den bhlaosc as lena gob agus lig don ubh róstadh nó go raibh dath deas briosc órga uirthi.

Ní hé amháin go raibh an teach glan anois ach bhí a bhéile réidh don mhoncaí. Bheadh am aici féin freisin dul chuig cúinne an tseomra agus dreas codlata a dhéanamh. Chonaic an moncaí an obair seo ar fad agus bhí a sháith iontais air. Nach éasca an saol é mar sin féin, a smaoinigh sé. Fanfaidh mise sa mbaile ón lá amárach amach agus ligfidh mé don chearc an obair chrua a dhéanamh amuigh sna páirceanna.

Bhí an chearc sásta dul amach ag obair sna páirceanna arís an lá dár gcionn. Chomh luath agus a bhí sí imithe léi chuaigh an moncaí amach ag spraoi dó féin. Chaith sé píosa maith den lá sa bhforaois ag luascadh ó chrann go crann agus ag piocadh a rogha de thorthaí agus de chnónna. D'fhill sé abhaile sa deireadh agus rinne sé iarracht an t-urlár a ghlanadh trí na lámha a luascadh agus a ghreadadh mar a rinne an chearc, ach ní raibh aon mhaith dó ann. D'éirigh an dusta den talamh agus thit anuas arís agus chuaigh isteach faoina chuid súile. Bhí sé trína chéile ag an obair seo agus d'éirigh sé as agus rinne iarracht tine a fhadú. Gach uair a shéid sé isteach sna haithinní d'éirigh an luaith ina éadan agus bhí sé clúdaithe leis. Ach d'éirigh leis an tine a lasadh ar deireadh thiar thall agus é spíonta.

Chuir sé an friochtán ar an tine ansin, chuir dab ime ann agus léim in airde ar an maide a bhí os cionn an teallaigh. Rinne sé iarracht ubh a bhreith mar a rinne an chearc arís agus arís eile, ach ní raibh aon ubh aige le breith.

San am céanna thosaigh an t-im a bhí leáite sa bhfriochtán ag téamh agus ag dó agus ba ghearr gur thosaigh lasrachaí beaga ag ardú as. Ansin rug an tine ar eireaball air agus léim sé anuas den mhaide, é ag screadach agus ag eascainí ar an gcearc. Cheap sé gur plean é a bhí aici lena ghortú.

Bhí pian air agus é ar buile agus b'fhada leis go dtiocfadh an chearc abhaile an tráthnóna sin. Nuair a tháinig sí abhaile bhí an-iontas uirthi nuair a thosaigh an moncaí á hionsaí le holc, mar nach raibh a fhios aici céard a bhí tarlaithe dó. Bheadh sí maraithe ag an moncaí, a bhí imithe as a mheabhair faoi seo, murach gur éirigh léi éalú uaidh trí eitilt amach an fhuinneog.

Rith sí léi chomh maith agus a bhí sí in ann nó gur casadh snáthaid uirthi a d'fhiafraigh di cén fáth a raibh an oiread sin deifre uirthi. Mhínigh sí a scéal dó agus dúirt an tsnáthaid:

"Lig domsa teacht leat. I dteannta a chéile is fearr muid."

Ghluais an chearc agus an tsnáthaid leo i bhfochair a chéile. Ansin casadh cnap salainn orthu a chuir ceist orthu cén fáth a raibh deifir chomh mór orthu. Nuair a d'inis siad an scéal dó, dúirt sé leo:

"Lig domsa teacht libh. Is fearr triúr ná beirt."

Ghluais an chearc, an tsnáthaid agus an cnap salainn leo le chéile agus ní fada gur casadh maide orthu. Ghluais an maide ar aghaidh in éineacht leo freisin tar éis a scéal a chloisteáil.

"Dá mhéid dá bhfuil againn ann, is ea is láidre sinn," a dúirt sé.

D'fhill siad ar an teach le chéile. Ní raibh an moncaí tagtha abhaile fós. D'fhan siad go socair ansin le geit a bhaint as. Chuaigh an tsnáthaid i bhfolach i scoilt a bhí san urlár. Chuaigh an salann i bhfolach sa luaith a bhí ar an teallach agus chuaigh an maide i bhfolach ar chúl an dorais. D'eitil an chearc suas ar an maide a bhí trasna os cionn na tine.

Go deireanach tráthnóna tháinig an moncaí abhaile agus é ag clabaireacht leis féin. Níor bhraith sé tada amhrasach agus thosaigh sé ag fadú na tine. Nuair a chuir sé séideog sna smeachóidí dhóigh an salann agus chuir aithinní ag léimneach go tapa amach ina éadan. Bhain an méid sin geit mhór as agus shuigh sé síos de phreab ar an urlár ach bhain an tsnáthaid priocadh mór as a thóin. Le linn dó a bheith ag screadach le pian tháinig an maide aniar ó chúl an dorais agus thosaigh ag tabhairt léasadh maith dó.

Bhí an chearc ar an maide os a gcionn an t-am ar fad agus í ag grágaíl, ag gáire agus ag damhsa le háthas.

"Tiocaí, tiocaí, tiocaí, tiocfaidh mo lá! Sách maith aige atá sé. Sách maith aige atá sé."

Ar éigean a d'éirigh leis an moncaí na cosa a thabhairt leis amach as an teach. Níor fhill sé riamh ar an teach ina dhiaidh sin, agus mhair an ceathrar cairde – an chearc, an tsnáthaid, an cnap salainn agus an maide – ann go sona sásta as sin amach.

An Tíogar agus an Frog

Ar imeall foraois mhór i lár na hÁise bhí frog ina luí siar go sona sásta agus é ag déanamh bolg le gréin dó féin. Bhí sé thuas ar bharr carraige agus leathshúil oscailte aige ag coinneáil súil ar a raibh ag tarlú ina thimpeall.

Go tobann tháinig tíogar mór amach as an bhforaois agus thosaigh ag búireach ar an bhfrog chomh luath agus a chonaic sé é.

"Céard atá tusa a dhéanamh ansin?" a d'fhiafraigh sé.

"Táim i mo shuí anseo ag sú na gréine agus ag baint taitneamh as," arsa an frog, a raibh geit mhór bainte as ag an tíogar.

Léim an tíogar suas ar an gcarraig agus luigh síos in aice leis an bhfrog.

"Táim cráite ag míola agus sceartáin le deireanaí," arsa an tíogar. "Léim suas orm agus pioc díom iad," a d'ordaigh sé.

Léim an frog suas ar a chloigeann agus thosaigh ag piocadh na míol agus na sceartán de lena chuid méaracha. Le teas bog na gréine agus le gluaiseachtaí rithimeacha suaimhneasacha mhéaracha an fhroig ar a chuid fionnaidh, thosaigh an tíogar ag éirí codlatach agus ba ghearr go raibh sé leath ina chodladh.

Thosaigh an frog ag éirí míshocair agus neirbhíseach nuair a smaoinigh sé go bhféadfadh an tíogar iompú timpeall agus é a ithe nóiméad ar bith. Bhí sé ag iarraidh smaoineamh ar phlean a d'fhéadfadh é a shábháilt. Tar éis tamaill rith smaoineamh leis. Lig sé air féin go raibh sé ag piocadh míola de dhroim an tíogair ach is ag tarraingt ribí

fionnaidh as a bhí sé. Ansin nuair a bhí slám maith ribí bailithe aige shac sé siar ina bhéal iad. Nuair a bhí sé cinnte go raibh roinnt mhaith fionnaidh ag gobadh amach as a bhéal thosaigh sé ag cur ceisteanna ar an tíogar.

"A thíogair," a d'fhiafraigh sé, "céard a itheann tusa de ghnáth le do bhéile?"

Bhí an tíogar fós leath ina chodladh agus le linn dó a bheith ag méanfach go sásta dúirt sé:

"Ó, ithimse rudaí go leor . . ."

"Rudaí ar nós céard?" arsa an frog ag teacht roimhe agus san am céanna é ag iarraidh srian a choinneáil ar an mbís a bhí air.

"Bhuel, nuair a bhíonn ocras an-mhór orm ithim beithígh, capaill agus ainmhithe móra eile. Bím sásta le hainmhithe atá níos lú ar nós muca agus fianna de ghnáth. Ach nuair a bhíonn ocras mór millteach orm agus gan mé in ann greim a fháil ar ainmhí ar bith eile, ithim ainmhithe beaga de chuile chineál. Ainmhithe ar nós coiníní, ioraí, luchain, agus froganna fiú."

Nuair a chuala an frog an méid sin bhí sé deacair aige guaim a choinneáil air féin. Thosaigh a lámha ag crith agus a chuid fiacla ag gíoscán.

"Céard a itheann tusa?" a d'fhiafraigh an tíogar ansin agus é ag caint ar nós cuma liom.

Bhí áthas ar an bhfrog gur cuireadh an cheist air.

"Ó, is creatúr beag mise agus is ainmhithe beaga agus feithídí a ithim de ghnáth. Ach nuair a bhíonn ocras mór millteach orm, is maith liom ainmhithe móra a ithe freisin ar nós fianna, beithígh agus fiú tíogair."

Nuair a chuala an tíogar an focal "tíogar" á lua ag an bhfrog bhioraigh sé suas a chluas agus d'fhiafraigh:

"An ndúirt tusa liomsa go n-itheann tú tíogair scaití? Ag magadh atá tú, ar ndóigh?" agus phléasc sé amach ag gáire.

Bhí an frog an-sásta leis an treo ina raibh an comhrá seo ag dul agus bhí a mhisneach ag méadú agus é ag éirí muiníneach de réir a chéile.

"Go deimhin ní ag magadh atá mé," a dúirt sé. "D'ith mé tíogar inniu, díreach sular tháinig tusa an bealach. Féach ar mo bhéal."

Léim an tíogar ina sheasamh go tobann agus sheas siar cúpla coisméig ón bhfrog agus d'fhéach sé air go hamhrasach.

"Féach ar mo bhéal," a d'áitigh an frog, agus é ag

oscailt a bhéil agus ag taispeáint an fhionnaidh tíogair a bhí ag gobadh amach as, ar gach aon taobh.

Thug an tíogar mór amharc scanrúil amháin air, agus thug léim mhór mhillteach anuas den charraig. Rith sé isteach sa bhforaois agus é ar crith le scanradh.

An Moncaí Óg agus na Portáin

Bíonn na moncaithe atá ina gcónaí sna foraoiseacha atá ar bhruach na farraige móire i ndeisceart na Téalainne ag faire ar an taoille ag tuile agus ag trá. Nuair a bhíonn an taoille tráite bíonn siad ag súil le breith ar phortáin a bhíonn ag siúl ar an ngaineamh trá nó ina luí sa láib. Má éiríonn leo teacht ar phortán sciobann siad é agus itheann siad é lom láithreach.

Uaireanta déanann na portáin iarracht éalú trí tholláin bheaga a chartadh sa ngaineamh agus sa láib agus téann siad síos iontu. Ach nuair a fheiceann na moncaithe béal na dtollán bíonn a fhios acu cá bhfuil na portáin imithe i bhfolach. Sacann siad a n-eireaball fhada síos sna tolláin agus bíonn ag spochadh as na portáin agus ag cur déistean orthu nó go gcailleann na portáin a bhfoighne agus beireann ar eireabaill na moncaithe lena gcrúba. Tarraingíonn na moncaithe glice a n-eireabaill amach go tapa, ag tabhairt an phortáin leo, agus itheann é.

Bhí roinnt moncaithe ar an trá lá agus moncaí óg ocrach ina measc. Bhí deacrachtaí ag an moncaí óg teacht suas leis na portáin agus bhí an taoille ag tuile. Lean sé air, áfach, ag cuartú leis mar go raibh ocras mór air. Tháinig sé ar thollán mór ar an trá agus phreab a chroí le háthas. Bheadh portáin mhóra istigh ann cinnte! Shac sé isteach a eireaball agus thosaigh ag spochadh astu. Go tobann rug portán ar eireaball air ach sula raibh deis aige é a tharraingt amach bhí trí nó ceithre phortán eile i ngreim ina eireaball freisin. Tharraing an moncaí óg a eireaball arís agus arís eile ach bhí sé i bhfostú. Chuir na portáin cos i dtaca agus choinnigh greim daingean air. Bhí an moncaí óg bocht i bhfostú ansin agus é scanraithe. Bhí an taoille tuile ag teacht isteach go tréan agus de réir a chéile chuaigh an sáile siar ina bhéal agus bádh é.

Níos deireanaí thráigh an taoille amach arís, ag fágáil an mhoncaí mhí-ádhúil ar an ngaineamh ansin. Tháinig na sluaite portán amach as a gcuid dúnta cosanta ansin agus bhí féasta mór acu ar an moncaí marbh.

Fear na Gealaí

Bhí gabha ann uair a thosaigh ag gearán. "Níl mé rómhaith agus tá an cheárta a mbím ag obair ann róthe. Ba mhaith liom a bheith i mo chloch ar thaobh an chnoic. Chaithfeadh sé go mbeadh sé go deas fionnfhuar ansin mar bíonn an ghaoth ag séideadh ann agus tá foscadh le fáil ann freisin faoi scáth na gcrann."

D'fhreagair spiorad críonna uilechumhachtach é agus dúirt:

"Imigh leat mar sin, agus bí i do chloch." Agus bhí sé ina chloch ar an bpointe boise agus é thuas go hard ar thaobh an chnoic.

Tharla sé lá gur tháinig saor cloiche an bealach agus nuair a chonaic sé an chloch a bhí tráth ina gabha bhí a fhios aige láithreach gurbh in í an chloch a bhí uaidh. Thosaigh sé ag gearradh na cloiche le gearrthóir géar.

Lig an chloch scread aisti:

"Tá tú do mo ghortú! Níl mé ag iarraidh a bheith i mo chloch níos mó. Ba mhaith liom a bheith i mo shaor cloiche. Bheadh sé sin go deas."

D'fhreagair an spiorad críonna é, ag cur giúmar air:

"Bí i do shaor cloiche mar sin."

Agus rinneadh saor cloiche de. Agus le linn dó a bheith ag siúl thart ag cuartú cloch fheiliúnach le gearradh d'éirigh sé tuirseach traochta agus bhí a chosa gearrtha scólta. Thosaigh sé ag fuarchaoineachán.

"Níl mé ag iarraidh fanacht ag gearradh cloch níos faide. Ba mhaith liom a bheith i mo ghrian. Bheadh sé sin go deas."

D'fhógair an spiorad críonna:

"Bí i do ghrian más in é atá uait." Agus bhí sé ina ghrian.

Ach bhí an ghrian níos teo ná ceárta an ghabha, níos teo ná an chloch agus níos teo ná an saor cloiche. Thosaigh sé ag gearán arís.

"Ní maith liom é seo. Ba mhaith liom a bheith i mo ghealach. Tá cuma dheas fhionnfhuar ar an ngealach."

Labhair an spiorad críonna uair amháin eile.

"Bí i do ghealach, más in é an chaoi é."

Agus bhí sé ina ghealach.

"Ach tá sé seo níos teo ná a bheith i do ghrian," a ghearán sé tar éis tamaillín, "mar bíonn solas na gréine ag scaladh orm go minic, agus ag scaladh isteach i mo shúile freisin. Ní theastaíonn uaim a bheith i mo ghealach. B'fhearr liom a bheith i mo ghabha arís mar a bhí lá den saol. Sin é an saol is fearr i ndeireadh na dála."

Ach d'fhreagair an spiorad críonna uile-chumhachtach é:

"Tá mé tinn tuirseach bréan díot ag athrú do phoirt. Bhí tú ag iarraidh a bheith i do ghealach! Tá tú i do ghealach anois agus beidh tú i do ghealach go deo na ndeor!"

Agus thuas ansin sa spéir a chónaíonn sé ó shin.

ÉANACHA GAN AITHREACHA

Luigh an mháthair-éan ina nead go tostach tráthnóna amháin. Bhí sí ag machnamh go domhain. Bhí a croí faoi bhrón mór mar go raibh a céile tar éis eitilt leis an mhaidin sin agus níor fhill sé. Nuair a dhúisigh na héanacha óga bhí ocras orthu agus thosaigh siad ag corraí agus ag screadach ar thóir a mbéile. Bhí an mháthair-éan lag agus in ísle

brí ach chuaigh sí amach ar thóir beatha dóibh ionas nach mbeadh a mbolg folamh.

Mhéadaigh a brón lá i ndiaidh lae nuair nár fhill a céile agus bhí uirthi streachailt go crua le béile a sholáthar dá clann.

Faoin am a raibh na héanacha óga níos láidre agus in ann eitilt leo agus a mbealach féin a dhéanamh sa saol, bhí an mháthair lag traochta ag an ocras agus ag an uaigneas agus í ag fáil bháis. Chruinnigh na héanacha óga ina timpeall agus iad ag fiafraí di céard a d'fhéadfaidís a dhéanamh di a chabhródh léi.

"Ó, glaoigí ar bhur n-athair," a d'fhógair sí agus tharraing sí a hanáil deiridh.

Chuaigh na héanacha óga amach ag eitilt go híseal anonn is anall, thall is abhus, suas agus anuas agus ar fud na háite agus iad ag screadach amach os ard: "Pá-hú-é, pá-hú-é!" (Ó, a athair, ó, a athair!) Agus chuala páistí óga a bhí fágtha leo féin sa mbaile iad fad is a bhí a gcuid tuismitheoirí imithe amach. Agus thosaigh siadsan ag screadach agus ag caoineachán freisin:

"Pá-hú-é, má-hú-é!" (Ó a athair, ó a mháthair!)

Níor fhill athair na n-éanacha riamh agus go dtí

an lá atá inniu ann bíonn na héanacha óga ag eitilt leo ar fud na háite agus ag screadach os ard i nguth caointeach:

"Pá-hú-é, pá-hú-é!" agus bíonn na páistí tréigthe ag screadach leo mar mhacalla.

"Ó a athair, ó a mháthair! Ó a athair, ó a mháthair!"

AN tIASCAIRE MÍBHUÍOCH

Bhí iascaire bocht ina chónaí sa Téalainn tráth nach raibh aon ádh air. Tar éis dó laethanta go leor a chaitheamh ar charraig ag iascaireacht ní raibh oiread agus breac amháin dá bharr aige. Fad is a bhí sé ina shuí síos ansin go brónach ag déanamh trua dó féin mar gheall ar a mhí-ádh, tháinig Punya In, an dia feasa, chuige i gcruth caróige agus dúirt:

"Ar mhaith leat éalú ó do shaol crua mar iascaire agus saol breá bog a bheith agat?"

Agus d'fhreagair an t-iascaire:

"Ó! Ba bhreá liom éalú ón saol suarach seo."

Thug an charóg draíochta nod dó druidim isteach lena taobh agus éisteacht, agus d'inis sí dó faoi chúige i bhfad i gcéin ina raibh prionsa an chúige sínte marbh.

"Tabharfaidh mé duit an cúige agus gach saibhreas a bhí tráth i seilbh an phrionsa," arsa an charóg, "má gheallann tú dom gan dearmad a dhéanamh go deo ar a bhfuilim a bhronnadh ort."

Gheall an t-iascaire go fonnmhar:

"Ní dhéanfaidh mé dearmad choíche ar a bhfuil tú a bhronnadh orm," a dúirt sé.

Thug an charóg léi an t-iascaire láithreach ar a droim agus d'eitil chuig an gcúige i bhfad i gcéin. Thug sí a haghaidh ar theach an phrionsa. Chuaigh sí isteach. Agus chuir sí an t-iascaire isteach in áit an phrionsa mhairbh.

Nuair a chorraigh an t-iascaire, chuala agus chonaic chuile dhuine é agus thosaigh siad ar fad ag ceiliúradh agus ag rá:

"Tá ár bprionsa beo beathaíoch arís. Tá ár bprionsa beo beathaíoch arís."

Bhí áthas mór ar na daoine, agus ar feadh blianta fada rialaigh an t-iascaire an cúige agus bhain sé taitneamh as saibhreas an phrionsa mhairbh.

Ach in imeacht ama rinne an t-iascaire dearmad gurbh í an charóg a chuir an t-ádh air agus a bhronn air gach a raibh aige agus dhíbir sé na caróga ar fad amach as na páirceanna arbhair. Rinne sé iarracht fiú

46

iad a ruaigeadh amach as an gcúige ar fad. Nuair a thug Punya In, an dia feasa, é seo faoi deara, tháinig sé arís i gcruth caróige agus shuigh in aice an té a bhíodh ina iascaire tráth.

"Ó, a phrionsa, ar mhaith leat dul chuig áit níos deise nach bhfuil ann ach pléisiúr agus saol bog sona?" a d'fhiafraigh an charóg.

"Ó, ba bhreá liom dul chuig a leithéid d'áit," a d'fhreagair an prionsa.

Agus thóg an charóg léi ar a droim é agus d'eitil chuig an teachín beag suarach ina mbíodh sé nuair nach raibh ann ach iascaire beag bocht.

Bhí air cónaí ansin dá bhuíochas go beo bocht an chuid eile dá shaol.

Finscéal na Ríse

Ag tús an tsaoil nuair a bhí gach rud níos fearr ná mar atá anois bhí na fir agus na mná níos láidre, níos deise agus níos dathúla. Bhí na torthaí a bhí ar na crainnte níos mó agus níos milse ná mar atá anois. Bhíodh go leor de na daoine, go háirithe san Áise, ag

ithe ríse agus ba grán mór millteach a bhí sa rís an uair úd agus ní gráinneacha beaga bídeacha mar atá anois. Ní bhíodh duine in ann ach grán amháin ríse sa lá a ithe mar go mbídís chomh mór sin.

Ní hé amháin sin, ach sna laethanta luatha úd ag tús an tsaoil bhí na daoine chomh maith agus chomh fiúntach ionas nár ghá dóibh aon obair a dhéanamh ag bailiú isteach na ríse, mar nuair a bhíodh an rís aibí thosaíodh sé ag titim de na gasa agus ag rolladh i dtreo na mbailte uaidh féin agus fiú isteach sna gráinseacha.

Bliain amháin ina raibh an rís níos mó agus níos flúirsí ná mar a bhí riamh roimhe sin dúirt baintreach lena hiníon:

"Tá na gráinseacha atá againn róbheag don rís go léir. Caithfidh muid iad a leagan agus gráinseacha níos mó a thógáil."

Nuair a bhí na seanghráinseacha leagtha agus gan na cinn nua tógtha go fóill bhí an rís aibí amuigh sna páirceanna. Bhí deifir mhór ar na daoine agus brú oibre orthu nuair a thosaigh an rís ag rolladh isteach i dtreo na ngráinseacha agus na daoine fós ag obair.

Tháinig olc ar an mbaintreach agus bhuail sí buille ar ghrán den rís agus bhéic sí amach os ard:

"Nach bhféadfá seans a thabhairt dúinn agus fanacht amuigh sna páirceanna nó go mbeadh muid réidh? Níor chóir duit cur isteach orainn anois agus gan tú ag teastáil fós!"

Scoilt an grán mór ríse suas ina mhílte píosa ansin agus dúirt:

"As seo amach fanfaidh muid amuigh sna páirceanna nó go mbeidh muid ag teastáil," agus ó shin i leith is gráinneacha beaga bídeacha atá sa rís agus bíonn ar na daoine dul amach sna páirceanna, í a bhailiú agus a thabhairt isteach chuig na gráinseacha iad féin.

An Chomharsa Shantach

Bhí fear bocht uaigneach ann uair nach raibh aige ach cúpla síol mealbhacáin. Chuir sé ina ghairdín iad agus thug sé an-aire dóibh mar go raibh sé ag brath orthu le maireachtáil. In imeacht ama d'fhás na mealbhacáin go breá, agus nuair a chonaic na moncaithe agus na hápaí a bhí sa gcomharsanacht iad, chruinnigh siad thart orthu gach lá agus thosaigh siad á n-ithe. Agus le linn dóibh a bheith á n-ithe bhídís ag caint faoi úinéir an ghairdín agus bhídís ag déanamh iontais faoi nach gcuirfeadh sé an ruaig orthu riamh ach é ag ligean dóibh a sáith a ithe gach lá. Ach cé gur fhulaing an fear bocht go leor, ba duine carthanach a bhí ann a bhí sásta a chuid torthaí a roinnt leo.

Lá amháin luigh an fear siar sa ngairdín agus lig sé air féin go raibh sé básaithe. Nuair a thosaigh na moncaithe agus na hápaí ag teannadh in aice leis agus nuair a thug siad faoi deara go raibh sé chomh socair agus a chochall caite thar a chloigeann scread siad amach le chéile:

"Tá sé marbh cheana féin! Nach iomaí lá a d'ith muid a chuid torthaí agus is é an rud is lú a d'fhéadfadh muid a dhéanamh dó anois ná é a adhlacadh in áit mhaith."

Chroch siad an fear den talamh agus d'iompair siad leo é de shiúl a gcos nó go dtáinig siad go dtí crosbhóthar, agus dúirt ceann de na moncaithe:

"Tugaimis linn é go dtí pluais an airgid."

"Ná tugaigí," arsa moncaí eile, "b'fhearr é a thabhairt go dtí pluais an óir."

"Sea, tugaigí go dtí pluais an óir é," a d'ordaigh an moncaí ba shinsearaí.

Thug siad ann é agus d'fhág siad ansin é faoi shíocháin.

Nuair a bhí siad ar fad imithe, d'éirigh an fear ina sheasamh agus chruinnigh sé le chéile an méid óir a bhí sé in ann a iompar agus d'fhill ar a bhaile. Thóg sé teach breá nua galánta leis an ór a bhí faighte aige.

"Cén chaoi ar éirigh leatsa, do dhuine bocht mar thú, an t-ór sin ar fad a fháil?" a d'fhiafraigh a chomharsa de lá.

D'inis an fear an scéal dó ó thus go deireadh.

"Má d'éirigh leatsa an méid sin a dhéanamh beidh mise in ann an rud céanna a dhéanamh," arsa an chomharsa leis, agus dheifrigh abhaile. Chuir sé síolta ina ghairdín féin agus d'fhan go dtiocfadh na moncaithe agus na hápaí le go mbeadh féasta acu ann.

Agus thit rudaí amach mar a mheas an chomharsa a thitfeadh: nuair a bhí na mealbhacáin aibí tháinig go leor moncaithe agus ápaí agus bhí féasta breá acu ann. Ansin lá amháin fuair siad an t-úinéir tite ina ghairdín amhail is dá mbeadh sé marbh. Mar chomhartha buíochais bheartaigh na

53

moncaithe é a thabhairt leo le n-adhlacadh agus nuair a bhí siad á iompar chun bealaigh tháinig siad go dtí crosbhóthar. Stop siad ansin agus thosaigh siad ag argóint faoi ar chóir dóibh é a thabhairt go dtí pluais an airgid nó pluais an óir. Le linn dóibh a bheith ag argóint bhí an fear ag smaoineamh dó féin: B'fhearr liom pluais an óir lá ar bith. Nuair a bheas mo lámha lán agam le gach a bhfuil mé in ann a iompar den ór, tarraingeoidh mé slám eile i mo dhiaidh i gciseán a dhéanfas mé as maidí bambú.

Agus nuair a dúirt an moncaí sinsearach: "Tugaigí go dtí pluais an airgid é," nár scread an fear amach trí dhearmad:

"Ná tugaigí, ach tugaigí go dtí pluais an óir mé!"

Scranraigh na moncaithe ina gcraiceann agus lig siad dó titim ansin agus rith said leo as éadan. Bhí ar an bhfear santach a bhealach a chrágáil abhaile leis féin agus é scríobtha, gearrtha agus chomh bocht briste agus a bhí riamh.

LÓN AN LEOIN

Tharraing an leon anáil dhomhain, bhrúigh amach a bhrollach mór láidir ansin agus lig sé búir mhór mhillteach as féin a chroith an talamh timpeall air.

Scranraigh sé na hainmhithe eile agus thosaigh siad ag crith. Rith siad isteach sa bhforaois chomh tapa agus a bhí siad in ann. Léim tuilleadh acu suas sna crainnte agus tuilleadh fós isteach san abhainn.

"Nach mór an spórt a bheith ag breathnú orthu sin ag rith," arsa an leon leis féin go sásta.

"A ainmhithe, táim críochnaithe ag búireach anois. Is féidir libh teacht ar ais amach as an bhforaois. Is féidir libh teacht anuas as na crainnte agus teacht amach as na haibhneacha. Bhí mo dhinnéar agam cheana féin inniu. Is féidir linn dul ag spraoi anois agus spórt a bheith againn le chéile."

Ach, ar ndóigh, níor tháinig aon cheann de na hainmhithe amach as an bhforaois, ná anuas as na crainnte ná amach as na haibhneacha. Níor theastaigh ó aon ainmhí dul ag spraoi leis an leon.

Ní raibh an leon sásta. Bhraith sé go raibh rud

éigin in easnamh ina shaol – cairde. Sea, ní raibh aon chairde ag an leon. Ní raibh éinne aige le dul ag spraoi leis.

An tseachtain dár gcionn ghlaoigh an leon cruinniú mór d'ainmhithe na foraoise go léir. Tháinig siad ar fad – na moncaithe, na froganna, na crogaill, na béaranna, na fianna, na nathracha nimhe, agus na coiníní.

"Fáilte romhaibh, a ainmhithe. Go raibh míle maith agaibh as teacht chuig an gcruinniú. Ghlaoigh mé anseo oraibh mar go bhfuil ceist thábhachtach le plé againn, ceist atá an-tábhachtach domsa. Ach i dtosach, ceist agam oraibh: cé hé rí na foraoise?

"Sin ceist éasca le freagairt," a dúirt an mac tíre.

"Tusa, a leoin. Tusa rí na foraoise."

"Agus cén fáth gur mise rí na foraoise?" a d'fhiafraigh an leon.

"Mar is tú is láidre, is tú is tapúla agus itheann tú an chuid eile againn ar fad," a d'fhreagair an mac tíre.

"Céad faoin gcéad ceart. Lánmharcanna duitse, a mhic tíre," arsa an leon. "Ithim sibh ar ndóigh. Is ainmhí mé. Is ainmhithe sibhse. Itheann sibhse agus mise gach lá. An t-aon difríocht atá eadrainn ná go n-itheann mise sibhse ach nach n-itheann sibhse mise.

Ach bíonn mothúcháin againne, na leoin, freisin. Is maith linn a bheith ag spraoi, ag caint agus ag gáire. Tá fadhb agam. Níl aon chairde agam. An mbeidh sibhse mar chairde agam?" Bhí na hainmhithe eile ar fad ina dtost.

"Tá a fhios agam go bhfuil eagla oraibh romham ach tá plean agam ina bhféadfadh muid ar fad maireachtáil go síochánta lena chéile. Beidh muid in ann a bheith ag spraoi lena chéile agus taitneamh a bhaint as an saol. Seo é mo phlean: Gach lá tiocfaidh ainmhí amháin chuig mo phluais ag am lóin. Íosfaidh mé an t-ainmhí sin. Cuirfidh sibhse liosta le chéile agus socróidh sibh cén t-ainmhí a bheas mar lón agam. Ar an mbealach sin, is féidir linn a bheith inár gcairde. Is féidir linn a bheith inár gcairde sula n-ithim sibh. An aontaíonn sibh leis sin?"

Thosaigh na hainmhithe ag caint, ag argóint, ag béiceach agus ag screadach ar a chéile. Bhí sé an-deacair dóibh teacht ar chinneadh. Ach ghlac siad le moladh an leoin faoi dheireadh mar nach raibh aon rogha eile acu.

Agus mhair na hainmhithe go síochánta. Ach níor mhair siad go sásta. Gach lá thagadh ainmhí éigin chuig pluais an leoin le bheith mar lón aige.

Lá amháin ba é babhta an choinín é a bheith mar lón.

"Dia duit, a choinín. Fáilte chuig mo phluais," arsa an leon agus é ag líochán a chuid liopaí le háthas nuair a chonaic sé an coinín mór ramhar.

"Sula n-itheann tú mé, a leoin, ba mhaith liom labhairt leat faoi rud éigin," arsa an coinín go faiteach.

"Tá go breá," arsa an leon.

"Ar maidin inniu, chuaigh mé síos go dtí an lochán chun folcadh amháin eile a thabhairt dom féin. Ba mhaith liom a bheith deas glan duitse sula n-íosfá mé. Istigh sa lochán chonaic mé leon mór. Dúirt an leon liom gur mhaith leis mé a ithe. Dúirt mé leis nach bhféadfadh sé mé a ithe mar go raibh mé le bheith mar lón agatsa inniu."

"CÉÉÉARD?" a scread an leon amach os ard. "Tá leon eile sa bhforaois atá ag iarraidh mo chuid beathasa a ithe? Cá bhfuil an leon seo? Cá bhfuil sé?"

"Taispeánfaidh mé duit cá bhfuil sé," arsa an coinín. "Ach más é do thoil é, ná lig dó mé a ithe. Tar éis an tsaoil, is tusa ár rí." Agus threoraigh an coinín an leon tríd an bhforaois, é ag léimneach amach roimhe.

"Cá bhfuil an leon eile seo?"

"Díreach achar beag eile sa treo seo. Trí na crainnte sin atá ar bharr na n-aillte. Is féidir leat breathnú síos sa lochán ó na haillte. Feicfidh tú an leon as sin."

Rith an leon chun tosaigh ar an gcoinín, agus suas ar na haillte. Agus nuair a bhí sé ar bharr na n-aillte d'fhéach sé síos sa lochán.

"Nach agat atá an muineál teacht isteach i m'fhoraois-se? Nach agat atá an muineál a bheith ag iarraidh mo chuid beatha a ithe?" a bhúir an leon.

D'oscail an leon a bhí sa lochán a bhéal le búir a ligean ach níor tháinig aon fhuaim as a bhéal.

"An bhfuil tú chun labhairt ar do shon féin?" a scread an leon.

Ní dhearna an leon eile sa lochán ach a bhéal a oscailt agus gan tada a rá.

"Nach agat atá an muineál a bheith ag magadh fúm mar seo, a leoin? Taispeánfaidh mise duit anois cé atá ina rí ar an bhforaois seo!"

Léim an leon isteach sa lochán. Ach ní raibh an

lochán domhain agus bhí ag cur thar maoil le clocha géara gobacha.

Bhuail an leon a chloigeann faoi charraig mhór ghéar. Scoilteadh a bhlaosc. Agus ní raibh an coinín mar lón ag an leon an lá sin. Go deimhin níor ith an leon aon lón eile ina dhiaidh sin.

Agus bhí saol sona sásta ag an gcoinín glic agus ag ainmhithe eile na foraoise, iad ag caint, ag spraoi, ag ceol agus ag gáire as sin amach.

GASTA NÓ GLIC

Lá amháin bhí coinín ina shuí ar bhruach locháin. Bhí sé ag faire ar sheilide ag sleamhnú thart. Thosaigh an coinín ag gáire faoin seilide.

"A sheilide," arsa an coinín "siúlann tusa ar bhealach an-ghreannmhar agus aisteach."

"Ó, a choinín, cén fáth go ndeireann tú é sin?" a d'fhiafraigh an seilide.

"Mar, a sheilide, a chara, bíonn tú ag siúl chomh

mall sin agus fágann tú casán ramallach i do dhiaidh."

"Siúlann mise ar an gcaoi a siúlann mise agus siúlann tusa ar an gcaoi a siúlann tusa," arsa an seilide. "Ní bhíonn mise ag gáire faoin gcaoi a siúlann tusa. Cén fáth a mbíonn tusa ag gáire faoin gcaoi a siúlann mise? Tá sé sin mímhúinte. Céard atá mícheart le bheith ag siúl go mall agus casán sleamhain ramallach a fhágáil i do dhiaidh? Leanfaidh muid ar aghaidh leis an gcomhrá seo ar ball ar scáth na gréine. Buailfidh mé leat faoin gcrann."

Léim an coinín tríd an bhféar ard anonn go dtí an crann. D'ith sé roinnt duilleog bog blasta mar lón. Ansin shín sé siar le néal breá codlata agus sos a bheith aige.

Tháinig an seilide chuige cupla uair an chloig níos deireanaí.

"Bhuel, a sheilide, tá tú anseo faoi dheireadh. Cén fáth a raibh tú chomh fada sin ar bealach."

"Cén fáth go mbeadh deifir orm?" arsa an seilide. "Theastaigh uaim bolú de na bláthanna, éisteacht leis na héanacha, féachaint ar na néalta sa spéir. Theastaigh uaim mo lorg a fhágáil sa ngaineamh. Cén mhaith gluaiseacht go tapa? Ach is féidir liom, ar ndóigh, gluaiseacht go tapa nuair is maith liom. Go deimhin is féidir liom gluaiseacht an-tapa, i bhfad níos tapa ná tusa."

"Níos tapa ná mise? Ha! Ha! Ach tá a fhios ag gach ainmhí go bhfuil an coinín níos tapa ná an seilide."

"Bhuel, is léir go bhfuil go leor le foghlaim ag na hainmhithe sin. Beidh rása againn mar sin. Buailfdh muid le chéile anseo arís amárach ag an am céanna.

"An bhfuil tú dáiríre? Ceart go leor, feicfidh mé anseo amárach tú. Ó, agus a sheilide, ná déan dearmad do bhróga reatha a chur ort! Ha ha!"

Rith an coinín abhaile agus d'inis sé an scéal do na coiníní eile. Phléasc siad amach ag gáire. Ansin chuaigh an coinín a chodladh go sona sásta agus meangadh mór gáire ar a bhéal agus é ag brionglóidí ar an seilide agus ar a chosán sleamhain ramallach.

Ach an tráthnóna sin ghlaoigh an seilide cruinniú de na seilidí eile ar fad.

"A chairde," a dúirt sé, "tá an coinín tar éis a bheith ag magadh fúinn. Bhí sé an-mhímhúinte agus maslach. Bíonn sé ag gáire faoin gcaoi a siúlann muid agus faoin gcasán ramallach a fhágann muid inár ndiaidh. Tá sé in am againn ceacht a mhúineadh dó."

Smaoinigh na seilidí ar phlean.

Go luath an mhaidin dár gcionn bhuail an coinín agus an seilide lena chéile ar bhruach an locháin.

"An bhfuil tú réidh don rása?" arsa an seilide.

"Cinnte táim réidh! An bhfuil tusa réidh chun an rása a chailleadh?" a d'fhiafraigh an coinín.

"Feicfidh tú ar ball cé aige a bheas an bua," arsa an seilide. Seo é an cúrsa: tosóidh muid anseo ar imeall an locháin agus rithfidh muid tríd an bhféar timpeall an locháin agus críochnóidh muid ar ais sa spota seo. Agus go raibh an bua ag an té

is tapa. An bhfuil tú réidh anois? Ar do chuid marcanna! Réidh! Deisigh! RITH!"

Léim an coinín go hard agus thosaigh sé ag rith agus ag preabadh timpeall an locháin. Ba ghearr go raibh sé leath bealaigh. D'iompaigh sé thart agus d'fhéach siar go bhfeicfeadh sé cá raibh a fhreasúra, ach ní fhaca sé an seilide in áit ar bith.

"A sheilide, cá bhfuil tú?" a gháir an coinín os ard.

"Tá mé anseo," arsa an seilide, ach bhí sé amuigh chun tosaigh air! "Déan deifir, a choinín," arsa sé. "Feicfidh mé thú ag an líne críochnaithe."

Ní fhéadfadh an coinín é a chreidiúint. Cén chaoi a bhféadfadh seilide rith níos tapa ná eisean? Léim sé suas san aer agus rith sé níos tapa ná riamh. Phreab sé thar an seilide, nach raibh ag gluaiseacht ar chor ar bith dar leis. Rith sé agus phreab sé, rith sé agus phreab sé as éadan. Mhoilligh sé soicind ansin le breathnú siar go bhfeicfeadh sé cá raibh an seilide.

"A sheilide, cá bhfuil tú anois?" a d'fhiafraigh an coinín, ach níor gháir sé an babhta seo.

"Táim anseo, a choinín. Breathnaigh amach romhat agus feicfidh tú mé mura bhfuil tú caoch. Leanaimis orainn."

Rith an coinín chomh tapa agus a d'fhéadfadh coinín rith, agus a chroí ag preabadh go tréan.

"Ní fhéadfaidh mé ligean do sheilide an ceann is fearr a fháil orm! Céard a cheapfas na hainmhithe eile?"

Ach nuair a rith sé i dtreo na líne críochnaithe chonaic sé an seilide ansin roimhe ag fanacht leis.

"Bhuaigh mise, a choinín."

Ní raibh focal fágtha ag an gcoinín.

"Anois, a choinín, cé a bhíonn ag siúl ar bhealach aisteach greannmhar?"

"Más é do thoil é, a sheilide," arsa an coinín, "ó más é do thoil é, ná hinis do na hainmhithe eile faoin rása seo. Tá aiféala anois orm gur dhúirt mé go mbíonn tú ag siúl ar bhealach greannmhar. Ní dhéanfaidh mé gáire faoi sheilidí go deo deo arís."

Agus d'imigh an coinín leis agus é ag preabadh go mall brónach tríd an bhféar fada.

Cúpla uair an chloig níos deireanaí chruinnigh na seilidí ar fad le chéile ag an líne críochnaithe.

"Hó, hó!" a dúirt ceannaire na seilidí, a chuir tús leis an rása. "Tá na seilidí, nuair atá siad aontaithe agus ag obair as lámh a chéile, in ann an ceann is fearr a fháil ar choinín seafóideach lá ar bith."

"Níor thug an t-amadán sin de choinín faoi deara fiú go bhfuil an bhlaosc atá ar mo dhroimse níos snasta ná an bhlaosc dheas dhorcha atá ortsa," arsa an seilide a bhí ag pointe leath bealaigh an rása.

"B'fhéidir go bhfuil a bhlaosc dorcha ach tá lonnir lonrach ina ramallae," arsa an seilide a bhí ag an líne críochnaithe.

"Téimis ag ramaillí agus ag sleamhnú," arsa na seilidí. "Go deas mall réidh anois. Níl aon deifir. Níl aon deifir."

Agus chan siad amhráin bheaga aeracha sheilideacha agus bhí siad ag caint agus ag ceiliúradh, ag sleamhnú agus ag ramaillí i bhfochair a chéile go sásta an chuid eile den lá.

NA TRÍ MHÍOLTÓG

Bhí trí mhíoltóg ann uair: Sambún, Sambat, agus Samlat. Dlúthchairde ba ea iad. Gach lá bhídís ag eitilt leo ar fud na háite. Agus gach tráthnóna d'eitlídís isteach sa gcaifé áitiúil a bhí acu agus bhídís ag blaiseadh leo – beagán de seo agus beagán de siúd – cácaí milse, uachtar, subh – agus bhídís ag caint eatarthu féin faoi chúrsaí an lae.

"Táimse tinn tuirseach," arsa Sambún ag eitilt thart sa seanchaifé seo. "An seanchaifé céanna, na seanchupáin chéanna, na seanphlátaí céanna, an bheatha cheannann chéanna lá i ndiaidh lae."

"Aontaím leat," arsa Sambat. "Ba chóir dúinn cuairt a thabhairt ar áit éigin nua. Téimis chuig áit éigin dhifriúil."

"Níl a fhios agam," arsa Samlat, an tríú míoltóg. "Is maith liomsa an áit seo. Tar éis an tsaoil, seo é ár mbaile. Nach anseo a líonann muid ár mbolg lá i ndiaidh lae."

"Ach ba chóir dúinn dul chuig áit éigin nua, áit éigin eile, áit éigin dhifriúil," arsa Sambún. "Tá

smaoineamh agamsa. Trí mhíoltóg atá ionainn, nach ea?"

"Lig dom comhaireamh," arsa Samlat, a bhí ag foghlaim conas áireamh. "Míoltóg amháin, dhá mhíoltóg . . . Nílimse in ann ach dhá mhíoltóg a chomhaireamh."

"Rinne tú dearmad tú féin a chomhaireamh," arsa Sambún.

"Ó, sea, rinne mé dearmad glan orm féin. Aon, dó, trí. Sea, tá triúr againn ann, Sambún."

"Go raibh maith agat, Samlat," arsa Sambún. "Tá plean agamsa. Amárach eitleoidh muid chuig trí theach dhifriúla. Fanfaidh muid i ngach teach acu ar feadh seachtaine agus ansin tiocfaidh muid le chéile arís sa gcaifé seo. Beidh ábhar cainte nua againn. Beidh taithí nua faighte againn ar an saol mór."

"Beidh eachtraí móra againn," arsa Sambat.

"Agus eachtraí spéisiúla," arsa Samlat.

"Iontach. Anois seo iad ár gcuid tithe nua. Samlat, téigh amach faoin tuath tusa. Beidh tú ag fanacht i dteach feirme le feirmeoir beag darb ainm Fiachra Ó Flatharta thiar i gConamara."

"Ceart go leor," a d'aontaigh Samlat.

"Sambat, beidh tusa ag fanacht i dteach leis an bhfear gnó Seán Ó Coileáin. Tá a theach ar an bpríomhshráid i lár na cathrach."

"Tá go breá," a d'aontaigh Sambat.

"Agus beidh mise ag cur fúm in Áras an Uachtaráin. An bhfuil muid réidh le n-imeacht? Aontaithe?"

"Aontaíonn muid leat," arsa Sambat agus Samlat.

Agus bhí béile amháin eile le chéile ag na trí mhíoltóg cairdiúla, iad ag baint greim as seo agus greim as siúd agus iad ag labhairt eatarthu féin faoi seo agus faoi siúd. Ansin phacáil said a gcuid málaí codlata agus d'fhág siad slán agus beannacht ag a chéile agus d'eitil leo ar a gcuid bealaí difriúla go dtí a gcuid tithe nua.

Seachtain níos deireanaí d'eitil na trí mhíoltóg ar ais chuig an gcaifé áitiúil.

"Fáilte romhaibh ar ais," arsa Sambún agus meangadh mór ar a bhéal.

"Féachann tú breá beathaithe agus an-ramhar," arsa Sambat. "Inis dúinn faoi Áras an Uachtaráin."

"Bhí sé iontach, thar barr ar fad. Ní fhaca mé an oiread beatha ar aon bhord riamh. Bhí muiceoil ann, mairteoil, uaineoil agus lacha. Bhí portáin ann, ribí róibéis, iasc agus gliomaigh. Agus bhí plátaí móra ann de mo rogha ar fad: sicín rósta!"

"Ú!" arsa Samlat agus Sambat le chéile, mar ba é an sicín rósta a rogha beatha siúd freisin.

"Níl a fhios céard a d'ith mé. Bhínn ag ithe ar maidin, ag meán lae, sa tráthnóna agus arís san oíche. Nach bhfeiceann sibh cé chomh ramhar is atá mé," arsa Sambún, ag leagan a chosa tosaigh ar a bholg mór beathaithe.

"Sambat, inis dúinn cén chaoi ar éirigh leatsa i dteach Uí Choileáin."

"D'éirigh maith go leor liom," arsa Sambat. "Bhí neart beatha ann. Sicín agus muiceoil. Ach aon uair a leagainn cos ar an mbia, thógadh fear an tí é agus chaitheadh sé amach é. D'ith mé mo dhóthain ach sin an méid."

"Agus céard fútsa, Samlat? Inis dúinn faoin am a bhí agat amuigh faoin tuath i gConamara i dteach Uí Fhlatharta."

"Uafásach! Bhí sé thar a bheith go dona. Féach orm, chomh lag tanaí agus atá mé faighte. Níor ith mé oiread agus greim amháin."

"Ó! Nach mór an trua," arsa Sambat agus Sambún.

"D'ith Fiachra Ó Flatharta, a bhean agus a chlann gach rud a bhí ar an mbord. Agus bhí fiche Gaeilgeoir ocrach ag fanacht sa teach freisin agus níor stop siad ach ag sciobadh agus ag ithe, lá agus oíche. Agus aon uair a leagainn mo chos ar aon ghreim beatha, ruaigidís chun siúil mé. D'eitil mé ar fud an tí ach chinn orm aon ghreim beatha a fháil dom féin tar éis a raibh de bheatha le feiceáil agam timpeall orm: sicíní, pasta, lasáinne, spaigití, uibheacha, iógart, cácaí, toirtíní agus pióga. Nach bhfeiceann sibh anois cé chomh tanaí caite agus atá mé."

"Tá brón orm, Samlat," arsa Sambún. "Seo, bíodh braon beag caife agat. Téimis le chéile chuig Áras an Uachtaráin ansin. Tá neart áite ann dúinn agus neart beatha," arsa Sambún.

"Nach fearr dúinn ár gcuid málaí a phacáil arís agus imeacht?" arsa Sambat.

"Céard fútsa, Samlat?" a d'fhiafraigh Sambún.

"Nílim cinnte," arsa Samlat. "Is maith liomsa an caifé seo. Ní hé is measa."

"Tar linne más é do thoil é," arsa Sambat. "Trí mhíoltóg chairdiúla sinn. Murach tusa ní bheadh ionainn ach dhá mhíoltóg chairdiúla. Beidh neart le n-ithe agus le n-ól ann. Agus éireoidh tú breá ramhar cosúil linne."

"Tar linne, más é do thoil é," arsa Sambún. "Ní bheidh an spraoi céanna againn in Áras an Uachtaráin de d'uireasa."

"Ceart go leor," arsa Samlat, ar deireadh, agus phacáil na trí mhíoltóg a gcuid málaí taistil, d'fhág an caifé ina ndiaidh agus d'eitil thar fhoirgnimh agus thar thithe agus thar mhonarchana agus trí Pháirc an Fhionnuisce agus isteach trí fhuinneog oscailte Áras an Uachtaráin.

"Sicín rósta don lón inniu! Ithigí suas, ithigí suas," arsa Sambat.

Thosaigh na trí mhíoltóg ag ciorclú an bhoird ar a raibh plátaí móra de shicín rósta a raibh gal ag éirí aisti, sú ag sileadh aisti agus boladh breá uaithi. Ba é

Samlat ab ocraí a bhí agus thuirling ar a bholg. Thuirling Sambat ar an sciathán agus Sambún ar bhrollach an tsicín.

Ach ní raibh na míoltóga ina n-aonar. Ar chúl an chuirtín bhí an garda slándála ag faire agus bata míoltóg ina lámh aige.

Fuis! Bhuail an bata bolg an tsicín ach d'éirigh le Samlat éalú ar éigean.

Fuis! Bhuail an bata sciathán an tsicín ach chonaic Sambat an bata ag teacht agus thug sé na cosa agus na sciatháin leis ar éigean.

Fuis! Thuirling an bata ar bhrollach an tsicín ach bhí Sambún tar éis dul i bhfolach ar foscadh istigh faoin mbrollach.

"Abhaile, abhaile! Eitlímis abhaile go beo! Bíodh ag an sicín! Eitlígí! Eitlígí!"

Agus d'eitil na trí mhíoltóg ón mbord faoi dheifir mhór. Bhí bata na míoltóg ag bualadh agus ag siosarnach fúthu agus tharstu. Mhothaigh na míoltóga an teannadh a bhí leis

an mbata ina dtimpeall ach bhí siad sciliúil ag eitilt agus d'éirigh leo éalú.

D'eitil siad leo amach tríd an bhfuinneog, amach thar ghairdíní Áras an Uachtaráin, os cionn na páirce agus na gcrainnte agus thar na foirgnimh nó gur shroich siad an seanchaifé an tráthnóna sin agus iad tuirseach traochta.

D'ith siad beagán de seo agus bhlais siad de seo agus de siúd. Chonaic siad arís na seanchupáin chéanna, na seanphlátaí céanna, an tseanbheatha céanna – an seanchaifé céanna.

"Tá blas an-deas ar an gcaife seo inniu," arsa Sambún. "Blas milis."

"Tá," arsa Sambat, ag ól braoinín beag blasta.

"Tá," arsa Samlat, "blas an-mhilis ar fad. Ní féidir é a bhualadh!"